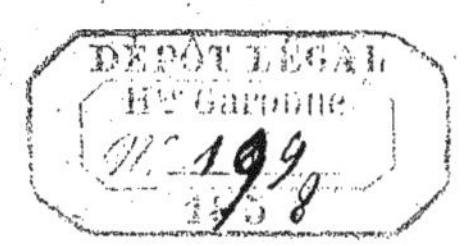

THÈSE

DE

LICENCE.

DIGEST
of
LICENCE.

ACTE PUBLIC

POUR

LA LICENCE

En exécution de l'Article 4, Titre 2, de la Loi du 22 Ventôse an XII.

SOUTENU

Par M. BÉNNET (Urbain),

Né à Alvignac (Lot).

TOULOUSE,

Typographie Troyes OUVRIERS RÉUNIS,
Rue Saint-Pantaléon, 3.

1858.

A MES PARENTS ET AMIS.

Jus Romanum.

De compensationibus.

Dig. Lib. XVI, Tit. II. — Inst. Just. Lib. V, Tit. VI,
§§ 30, 39.

Inter modos quibus extinguntur obligationes, est compensatio, quæ nomen accepit ab antiquo æris appendendi more; usque enim ad Servium regem qui primus æs signavit pecudum nota, æs rude appendebatur.

Sic et compensatio dicitur, quia singuli una invicem pensant, appendunt quasi in una lance ut æqua præstatio fiat, et quantum præstatur, tantum rependatur.

A Modestino ergo definita compensatio, debiti et crediti inter se contributio; vel per æris sui computationem ab ære alieno liberatio et computatio vice mutua debitæ quantitatis.

Fundamentum hujus juris est æquitas, non enim prius exsolvi quod reum debere constiterit, æquum est, quam petitioni mutuæ responsum fuit, et illius nobis Pomponius indicat, his verbis, utilitatem : « Ideo compensatio necessaria est, quia interest nostra potius non solvere quam solutum repetere. ▪ Ferè impossibile diem certam ei dare ; attamen, ante Justinianum in jure introducta erat. Et Gaius ait Institutionibus, 4, §§ 61 à 68 : Ut cum argentarius in Prætorem vocabat debitorem qui ipse erat creditor suus, sub petiti rejectionis pœnâ plus petitione, ad distractionem faciendam et differentiam solam repetendam, tenebatur.

Temporibus Justiniani, compensatione actor, reum cum eo quod ipse reus debet, ut vicissim reus actorem cum eo quod actor reo debet ut solvisse intelligatur, quinque præscriptæ lege conditiones :

1o Duo nomina liquida esse debent, et liquida sunt nomina cùm certum an et quantum debeatur, ratio hujus conditionis est : quod mutua pensatione, nomina invicem in solutum dari censentur quoad concurrentem summam. Si ergo nec nomen certum nec debiti quantitas certa solutio invicem fieri nequit : sed si nomine certo, quantitas sola incerta, dummodo liquidatio non sit multis ambagibus innodata, possit vero facilem exitum præstare, officio judicis definitur, compensationem admittere nec non. Sed caveant judices ne post multa forte variaque certamina cum res jam fuerit approbata, tunc ex altera parte quæ jam pœne convicta est, opponatur compensatio, certo et indubitato debito et moratoriis ambagibus spes condemnationis excludatur ;

2o Cum autem quod invicem actor et reus debent compensationis auxiio tollatur, nomina debent ex utraque parte in tali conditione esse, ut ambo exigi possint.

Nisi ita esset, alteruter recipuisset indebitum. Nam petere quoque et exigere eum intelligitur qui compensatione utitur. Ergo quod in diem debetur, non, antequam dies venerit, compensabitur. Sed aliud est diem obligationis non venisse, aliud humanitatis gratia tempus indulgeri solutionis; si ergo, reus, intra tempus à judice concessum ut se liberet, ipse actorem compellit; quamvis ante tempus judicati non possit compelli ad solutionem, tamen per exceptionem compensationis potest repelli.

Quod certo loco debetur potest in compensationem venire cum eo quod in alio loco dari stipulatum fuit ;

3o Ut compensatio fieri possit, debita utrinque esse debent rerum fungibilium, ejusdem generis nec diversi. Ratio hujus conditionis est quidquid pro debito solvi potest, id pro debito compensari.

Hoc ipso autem requisito, excluduntur casus, in quibus utrinque certa corpora, sic ab una parte hic equus, ab altera alius, aut ab una corpus ex altera quantitas, pecunia, vinum, debentur.

Sicut corpus pro corpore, vel corpus pro quantitate regulariter solvi non potest, ita etiam certæ speciei ad aliam speciem vel quantitatem, vel quantitatis ad speciem nulla est compensatio.

Nec sufficit si ab utraque parte debeantur res fungibiles, si non essent ab utraque parte ejusdem generis. Inde regula, debita inter se fungibilia esse debent.

4° Necesse adhuc, ut mutui sint debitores. Inde compensatio fieri non potest, cum, quod debetur non ei cui convenitur sed alii. Nec obstat si creditor ejus pro eo cui convenitur ob debitum proprium velit compensare. Licet enim alium pro alio recte solvere, quia in solutione nihil interest a quo debitum creditor recipiat ; alius tamen pro alio non recte compensat. Ergo id quod pupillorum nomine debetur, si tutor petat, non posse compensationem objici hujus pecuniæ quam ipse tutor suo nomine adversario debet : et vicissim tutor conventus non potest summovere actorem cum eo quod pupillo debetur.

5° Non potest adhuc compensari quod legibus exceptum est : sic in deposito compensationi non locus esse potest, quia in deposito, res deposita non est fungibilis respectu contractantium, sed velut corpus spectatur ; huic rationi imperator addidit Institutionibus, § 3. « Aliquid compensationis nomine opponi satis impium esse credidimus, ne sub prætextu compensationis depositarum rerum quis exactione defraudetur. »

Item commodato debitis, L. 5. C. Similis favor propter utilitatem publicam introducta est pro debito ex calendario, ex vectigalibus, ex frumenti vel olei publici pecunia, tributorum alimentorum ejus qui statutis sumptibus servit, fideicommissi civitatis.

Cùm hæc requisita occurrunt fit compensatio in omnibus actionibus, tam in bonæ fidei quam in his quæ ante Justinianum stricti Juris erant ; sive in rem, sive in personam agatur. Nec causa debiti spectatur ; sic quod debetur ex peculio, quod debetur ex causa principali, quod ex venditione, vel quovis alio contractu, vel quasi contractu, compensatur.

Quod emptor indebitè solvit, empti fundi liberandi causa, imputare potest in pretium quod debet venditori; item quod ex pari sociorum negligentia et ex maleficiis debetur, etiam compensatur.

In jure antiquo, obligationes ipso jure non extinguebat compensatio ; in judicio invocanda erat; repellebat actionem, erat tantum exceptio. Videmus enim ut Gaius non in titulo obligationum extinctionis, sed titulo actionum compensationis, loquatur.

Cùm autem dicimus, in tempore Justiniani, ipso jure fieri compensationem : ita, ipso jure intelligendum est, ut scilicet tacite facta habeatur co momento, quo utriusque cæpit debitum vel magis quo duo nomina omnes conditiones præstaverunt, opponenda tamen est à parte in judicio, ut judici de ea constare at an admittenda notum fieri possit ; alias foret quid mere divinatorium ; ea vero semel opposito probatoque mutuo debito, vires suas statim retroexerit ex die scilicet concurrentiæ omnium conditionum et sic ab eo tempore mutua debita ipso jure tollit.

Solutionis effectum cum habeat compensatio, et ita nihil intersit, an debitor solverit an compensaverit. Inde sua sponte sequitur, quod non tantum prior obligatio, sed et omnia ejus accessoria censentur sublata ; sistit igitur cursum usurarum quoad concurrentem quantitatem ; pignoris nexum solvit, liberat fidejussores. Emphiteuseos caducitatem ob non solutum canonem impedit. Denique dùm solutione nunquam per partem solutionem accipere creditor cogatur, compensatione id pati debet.

POSITIONES.

Nomen ad diem potest-ne compensari, si dies solutionis non advenerit ? — Non.

Nomina alimentorum compensant-ne ? — Non.

Quod imperium debet compensat-ne cum tributis, vectigalibus ? — Non.

Code Napoléon.

***

Des Successions.

Titre Ier, Art. 815 à 892.

Le titre du Code Nap. relatif aux successions, est divisé en deux parties. L'une examine les droits de succession, l'autre le partage et les rapports. Cette seconde partie seulement fait l'objet de cette Thèse.

●

CHAPITRE Ier.

De l'action en partage et de sa forme.

Le partage est l'acte par lequel des cohéritiers ou des copropriétaires divisent entr'eux des objets qu'ils possédaient en commun.

L'action en partage compète individuellement à chacun des cohéritiers ; elle est réciproque, c'est-à-dire que chaque cohéritier peut être demandeur et défendeur, et diffère en cela des actions ordinaires qui s'accordent à un demandeur contre un défendeur.

Les graves inconvénients qui résulteraient d'une indivision forcée ont déterminé la disposition de l'article 815, portant que nul ne peut être contraint à demeurer dans l'indivision. Ce principe s'applique à tous propriétaires par indivis indistinctement; en conséquence, l'action en partage ne peut être écartée, au moins à perpétuité, par aucune prohibition ou exception, même celle du pacte ou de la prescription. Ce principe de l'article 815 tient à l'ordre public, et le législateur français l'a tiré des lois romaines (Dig. l. 10, tit. 1 et 2).

Il est des cas cependant dans lesquels un partage immédiat, loin d'être utile aux cohéritiers, serait contraire à leurs intérêts. Le législateur a prévu ces cas et a permis de convenir la suspension du partage pendant cinq ans. Ce terme ne peut être dépassé ; cependant la convention qui prolongerait l'indivision au-delà de cinq ans ne serait pas nulle, mais elle serait réductible à ce terme. La loi , pensant encore que ce délai quinquennal ne suffirait pas toujours, et qu'il pourrait importer aux cohéritiers de prolonger l'indivision , a permis de renouveler la convention et même de la prolonger indéfiniment en faisant un renouvellement de cinq ans en cinq ans. Mais le nouveau délai ne peut jamais dépasser cinq ans, et doit dater, sous peine de nullité, de l'expiration du terme précédent.

La convention d'indivision doit être faite entre tous les cohéritiers ; elle n'est point obligatoire pour ceux qui ne l'ont pas souscrite. Ces derniers peuvent faire cesser l'indivision ; cependant les parties engagées par la convention sont libres de conserver indivises, jusques au terme fixé, les portions qui leur sont attribuées.

Mais on se demande si la disposition du 2e alinéa de l'art. 815 est restrictive, ou si un testateur peut obliger ses héritiers à rester dans l'indivision pendant cinq ans.

S'il s'agit d'une réserve, il est évident que le testateur ne peut y porter atteinte, car la loi la détermine d'une manière irrévocable. Mais en est-il de même à l'égard de simples légataires ou de donataires? Quelques personnes ont soutenu que le testateur ne peut pas suspendre le partage. Elles se sont fondées sur ce qu'il est dit dans l'art. 815, que le partage peut être suspendu, à la vérité, mais seulement par une convention entre les cohéritiers. C'est là une interprétation littérale qui doit être proscrite. En général , le testateur peut imposer toutes les conditions qui ne sont pas prohibées par la loi ; or, celle-ci est de ce nombre, puisqu'elle permet aux héritiers d'en faire la stipulation. Du reste, il est probable que le législateur, par le mot *prohibition*, a eu en vue la prohibition qui serait faite par le testateur, et qu'il a voulu attribuer à cette prohibition le même effet qu'aux conventions des cohéritiers.

L'indivision cesse par le partage qui peut être demandé, art. 816, même quand l'un des cohéritiers aurait joui séparément de partie des biens de sa succession , s'il y a eu un acte de partage, ou possession suffisante pour acquérir la prescription.

La prescription ne peut être opposée tant que dure l'indivision, c'est-à-dire que l'un des cohéritiers ou copropriétaires ne peut pas argumenter de ce que la chose est restée indivise pendant trente ans , qu'elle doive toujours rester dans le même état.

Cependant si l'un des cohéritiers a par le fait joui séparément de partie des biens de la succession pendant trente ans , le partage est censé , dans ce cas , avoir été fait à son égard, et l'action en partage est éteinte pour lui et contre lui. L'action en partage sera encore éteinte par la prescription si tous les cohéritiers ont joui séparément pendant trente ans. Il en est de même lorsque l'un d'eux a joui de toute la succession pendant ce délai , en son nom et comme seul propriétaire , car alors la demande en partage est une véritable pétition d'hérédité qui s'éteint par la prescription.

Le partage ne peut être provoqué que par les cohéritiers. Cependant un cohéritier, pour procéder seul à un partage, doit avoir l'exercice des droits civils. Aussi les mineurs, les interdits , les prodigues , les absents et les femmes mariées n'ont pas ce droit.

Les mineurs non émancipés et les interdits doivent être représentés pour provoquer le partage par leur tuteur, autorisé du conseil de famille. L'homologation du tribunal n'est pas nécessaire. Et si la demande en partage est dirigée contre le tuteur , celui-ci peut y répondre sans l'autorisation du conseil de famille.

Quant au mineur émancipé , il peut procéder au partage soit en demandant , soit en répondant avec l'assistance de son curateur.

Les prodigues doivent être assistés du conseil judiciaire.

Les présumés absents doivent être représentés par un notaire commis par le tribunal du domicile du présumé absent. Le déclaré absent est représenté par l'envoyé en possession soit provisoire , soit définitif.

En ce qui concerne la femme mariée , il est des cas où elle ne peut jamais procéder au partage , d'autres où elle y procède seule , enfin il arrive aussi qu'elle ne peut le faire qu'avec l'autorisation de son mari.

Si la femme est séparée de biens et que la succession soit purement mobilière , elle peut procéder seule et sans autorisation au partage fait à l'amiable. Si la succession est immobilière, elle a besoin de l'autorisation de son mari ou de justice.

Les époux sont-ils en communauté? le mari peut procéder au partage pour tous les objets qui tombent dans la communauté , sans le concours de sa femme. Quant aux biens qui n'y tombent pas , le mari a besoin du concours de sa femme, il peut seulement demander un partage provisionnel s'il a la jouissance de ces biens.

Si les époux sont mariés sous le régime dotal et que les biens à venir aient été constitués en dot, la succession est alors dotale et le mari peut procéder seul au partage, soit en défendant , soit en demandant , que la succession soit mobilière ou immobilière. Si les biens à venir n'ont pas été constitués en dot , la succession est paraphernale et l'on rentre dans le cas de la séparation de biens.

Le partage n'est soumis à aucune forme particulière ; il peut s'opérer par une simple convention entre les cohéritiers , s'ils sont tous présents et majeurs, et s'ils consentent tous à souscrire au partage conventionnel. Dans tous les autres cas , le partage pour être définitif doit être fait en justice.

Le tribunal qui connaît de l'action en partage est celui du lieu de l'ouverture de la succession. C'est devant ce même tribunal qu'il est procédé aux licitations et que doivent être portées les demandes relatives à la garantie des lots et celles en rescision du partage (822). La partie la plus diligente donne assignation à ses cohéritiers à comparaître à l'audience du tribunal qui, s'il trouve la demande fondée, commet un juge et un notaire. La mission du juge est de diriger les opérations du partage, et d'entendre les observations des cohéritiers sur les contestations qui les divisent. S'il ne peut concilier les parties, il fait un rapport au tribunal, qui rend un jugement comme en matière sommaire.

Si le juge ou le notaire sont empêchés durant le cours des opérations, il en est nommé un autre, sur requête adressée au président du tribunal par l'un des cohéritiers. Lorsque il y a des immeubles à partager, le tribunal, par le même jugement qui prononce sur la demande en partage, en ordonne le partage s'il est possible, ou la vente par licitation; dans ce dernier cas, il fixe la mise à prix et la condition de la vente. Si le tribunal ordonne le partage, il peut dispenser, quand même il y aurait des mineurs, d'une expertise préalable (970 C. de Procéd.) Et ce partage produit à l'égard des mineurs le même effet qu'il produit entre majeurs; c'est un changement introduit par la loi du 2 juin 1841.

Quoique l'expertise ne soit pas obligatoire, le tribunal nomme quelquefois des experts; il en commet un ou trois ; ils prêtent serment devant le président du tribunal ou un juge de paix commis par lui. Le procès-verbal doit présenter les bases de l'estimation, indiquer si l'objet estimé peut être commodément partagé, les parts que l'on peut en faire et la valeur de chacune d'elles (824). Il est enregistré, déposé au greffe du tribunal de première instance et signifié avec l'acte de dépôt aux avoués des parties.

S'il y a des meubles et qu'ils n'aient pas été inventoriés, l'estimation en est faite par des commissaires-priseurs ou des experts.

La liquidation se fait ensuite devant le notaire commis par le tribunal ; on procède devant lui aux comptes que les co-partageants peuvent se devoir, et chaque cohéritier prélève sur la masse ce qui lui est dû, après quoi a lieu par souches la formation des lots. Dans cette composition des lots, on évite le morcellement autant que possible, et leur inégalité se compense par une soulte ou un retour soit en rente, soit en argent.

Dans le partage conventionnel les lots peuvent être faits par un des cohéritiers et ils peuvent choisir leurs lots. Dans le partage judiciaire les lots sont formés par un expert nommé par le juge commissaire, et tirés au sort. Ce tirage des lots termine le partage, et chacun des co-partageants reçoit les titres particuliers à son lot. Les titres d'une propriété divisée sont laissés au principal co-partageant; les titres communs à l'hérédité entière, les titres relatifs à l'état des familles sont remis à un cohéritier nommé dépositaire, soit par les autres cohéritiers, soit par le tribunal, et il est tenu d'en aider au besoin ses cohéritiers (842.)

Parmi les personnes auxquelles compète l'action en partage, nous rangerons encore le cessionnaire des droits successifs d'un cohéritier. Ce cessionnaire pour avoir cette action, à proprement parler, doit être à titre gratuit. Toutes les fois qu'il est cessionnaire à titre onéreux, il peut être évincé, soit par tous les cohéritiers ensemble, soit par l'un d'eux seulement, moyennant le remboursement du prix de la cession, des frais et loyaux coûts du contrat.

Ce droit qu'ont les cohéritiers s'appelle *retrait successoral;* il est défini : Un droit que la loi accorde aux héritiers d'écarter les cessionnaires des droits successifs en leur remboursant le prix de la cession (841.) Le retrait n'a pas lieu, si le cessionnaire est un successible. Le cohéritier qui a écarté seul le cessionnaire ne peut être forcé de communiquer à ses cohéritiers le bénéfice du retrait; s'il a été exercé par tous, il a lieu en proportion de la part héréditaire de chacun d'eux.

CHAPITRE II.

Des rapports.

Le rapport a pour but le maintien de l'égalité entre les cohéritiers. C'est : la remise à la masse partageable par les héritiers des libéralités qui leur ont été faites par le défunt.

Tout héritier doit le rapport, soit qu'il accepte purement et simple-

ment, ou sous bénéfice d'inventaire , qu'il soit en ligne directe ou colla-
térale. L'héritier renonçant péut toutefois retenir le don entre-vifs et
réclamer le legs qui lui a été fait, jusqu'à concurrence de la quotité dis-
ponible. Le donataire qui en a été dispensé expressément ne doit pas non
plus le rapport, pourvu que cette dispense n'excède pas la quotité dispo-
nible. Le rapport ne se fait qu'à la succession du donateur et non à la
succession de l'héritier du donateur ; il est dû par l'héritier donataire lors
même qu'il n'aurait pas été héritier au jour de la donation. Le petit-fils
qui, par le décès de son père se trouve héritier de son aïeul, doit le rapport de ce qui lui avait été donné par son aïeul, mais il n'est pas tenu
de rapporter ce qui avait été donné à son père, lorsqu'il vient de son chef
à la succession. L'héritier n'est pas tenu du rapport de l'immeuble qui a
péri par cas fortuit ; les fruits et les intérêts des choses sujettes à rapport
ne sont dus qu'à compter du jour de l'ouverture de la succession , mais
ils sont dus de plein droit. L'héritier doit le rapport des dons à lui
faits directement et indirectement ; il doit le rapport de ce qui a été em-
ployé pour acquérir une étude , un fonds de commerce , du prix d'un
remplaçant , des dettes payées , et de la dot. Les frais d'éducation ,
d'apprentissage, ne sont pas rapportés. Le rapport n'est dû que par le
cohéritier à son cohéritier. Il se fait de deux manières : il se fait en nature, ou en moins prenant ; il est réel, ou fictif.

Pour les immeubles, il se fait en nature toutes les fois que l'immeuble
donné n'a pas été aliéné , ou qu'il n'y en a pas dans la succession d'à peu
près égaux. (859.) Si l'immeuble a été aliéné, et qu'il reste assez de biens
dans la succession, il se fait en moins prenant ; il faut pour cela qu'il ait
été aliéné avant l'ouverture de la succession.

Le rapport des meubles ne se fait qu'en moins prenant, sur le pied de
la valeur qu'ils avaient lors de la donation, d'après l'état estimatif annexé
à l'acte, ou l'estimation par experts. (868.)

Lorsque le rapport se fait en moins prenant, l'héritier abandonne jusqu'à concurrence de ce qu'il doit rapporter , d'abord des meubles , puis
des immeubles de la succession. (869.)

CHAPITRE III.

Du paiement des dettes.

Lorsqu'il n'existe qu'un seul héritier et qu'il a accepté purement et simplement, il est tenu du paiement de toutes les dettes et charges de la succession, même sur ses biens personnels; il est en effet de toute justice que celui qui a tout le bénéfice, supporte toutes les charges. Les titres exécutoires contre le défunt le sont également contre lui , sans qu'il soit nécessaire de les faire déclarer tels par le jugement. Les créanciers sont tenus seulement de les lui signifier à personne ou à domicile, et huit jours après cette signification ils peuvent en poursuivre l'exécution.

S'il est héritier sous bénéfice d'inventaire, il n'est tenu des dettes qu'à concurrence des biens de la succession.

Lorsqu'il y a plusieurs héritiers, ils sont aussi tenus de l'universalité des charges, et les titres sont pareillement exécutoires contr'eux, sauf le cas de bénéfice d'inventaire ; mais dans quelle proportion chacun d'eux en est-il tenu?

Les cohéritiers , les légataires universels ou à titre universel, contribuent entr'eux au paiement des dettes et charges de la succession, chacun au prorata de sa part et portion héréditaire. L'art. 870 dit en proportion de ce qu'il prend dans la succession ; mais ce n'est pas exact, car un héritier peut être prélégataire et il n'est jamais tenu que de sa part héréditaire sans aucun égard pour le prélegs. Le légataire particulier en effet ne-contribue pas aux dettes, il peut se trouver forcé de payer des dettes, dans le cas , par exemple , où l'immeuble légué à titre particulier se trouve grevé d'une hypothèque. Mais la loi le subroge alors aux droits du créancier, il peut exercer l'action personnelle contre les héritiers et légataires universels, chacun pour sa part et portion, ou l'action hypothécaire contre les détenteurs d'un immeuble hypothéqué à la même dette : enfin il ne contribue pas aux dettes.

Le mode de contribution aux dettes peut être changé soit par le défunt, qui peut imposer à l'un des héritiers l'obligation de payer toutes les dettes, ou une part plus grande que celle dont il serait tenu de droit commun, mais pourvu qu'il n'en résulte pas de réduction de la réserve légale dans le cas où elle a lieu : soit par les conventions des héritiers. Mais cette charge imposée à un héritier n'a d'effet qu'à l'égard des héritiers entr'eux, sans préjudice pour les droits des créanciers, qui peuvent demander la totalité de la dette à l'héritier grevé ; c'est une faculté dont ils peuvent user ou ne pas user à leur volonté.

La division des dettes a lieu non-seulement à l'égard des héritiers entr'eux, mais encore à l'égard des créanciers de la succession qui ne peuvent demander à chaque cohéritier qu'une part dans les dettes, proportionnée à sa part héréditaire. Le même principe s'applique aux débiteurs de la succession, ils ne peuvent payer à chaque héritier qu'une part de la dette proportionnée à sa part héréditaire.

Mais lorsqu'il s'agit d'une chose indivisible, le principe de division reçoit une exception. Si la succession est grevée d'une hypothèque qui, de sa nature, est indivisible, quels que soient les immeubles et portions d'immeubles affectés, dans quelques mains qu'ils passent, le créancier a outre l'action personnelle contre chacun des cohéritiers pour sa part et portion, encore l'action réelle et hypothécaire contre ceux qui possèdent tout ou partie de l'immeuble hypothéqué à sa créance, action qui lui donne le droit de conclure contre chacun desdits possesseurs au paiement du total de la créance.

Lorsque la créance hypothécaire est d'une rente perpétuelle, n'y ayant pas alors de terme d'exigibilité, les cohéritiers, pour ne pas être exposés indéfiniment à l'action hypothécaire, peuvent exiger, avant la formation des lots, qu'il soit pris sur les biens libres de quoi rembourser la rente. Si le remboursement n'est pas exigé, l'immeuble est évalué, déduction faite du capital de la rente, et le cohéritier auquel il échoit demeure chargé du service de la rente et doit garantir ses cohéritiers de toute poursuite.

L'héritier qui, par exception au principe de divisibilité, a payé au-delà de sa part de la dette commune, n'a de recours contre les cohéritiers, lors même qu'il se serait fait subroger aux droits des créanciers, que pour la part que chacun d'eux doit personnellement en supporter. Lorsqu'il y a un insolvable , l'héritier qui a payé la totalité de la dette , ne supporte pas seul l'insolvabilité ; la part de l'insolvable est reportée proportionnellement sur tous.

L'acceptation de la succession, confondant les patrimoines du défunt et de l'héritier, il peut arriver dans le cas , par exemple , où l'héritier aurait personnellement plus de dettes que de biens , que cette confusion soit préjudiciable aux créanciers du défunt ; on leur accorde alors ainsi qu'aux légataires le droit de faire séparer les patrimoines. Les créanciers de l'héritier ne peuvent alors exercer d'action sur les biens de la succession qu'après l'entier acquittement de la portion des dettes que cet héritier doit supporter.

Ce droit s'exerce sur tous les biens, il cesse dans trois cas.

Lorsque les créanciers de la succession ont consenti à la novation, en acceptant l'héritier pour débiteur ;

Lorsque les biens sont sortis des mains de l'héritier.

A l'égard des meubles par la prescription de trois ans , à dater de l'ouverture de la succession, et à l'égard des immeubles, le droit de demander la séparation dure tant qu'ils existent entre les mains du débiteur (880). Mais pour conserver leur privilége sur les immeubles, les créanciers et légataires de la succession doivent le faire inscrire dans un délai de six mois, à compter du jour de l'ouverture ; passé ce délai, ils n'ont plus qu'une hypothèque au lieu d'un privilége, hypothèque qui ne prendrait rang que du jour de l'inscription , et qui serait primée par les créanciers hypothécaires de l'héritier antérieurement inscrit.

Le droit de demander la séparation des patrimoines n'appartient pas aux créanciers de l'héritier ; ils ne peuvent empêcher leur débiteur de contracter de nouvelles dettes.

CHAPITRE IV.

Des effets du partage et de la garantie des lots.

Les héritiers, jusqu'au partage, sont tous propriétaires des biens de la succession. Le partage fait cesser l'indivision ; il n'est qu'un échange que chaque cohéritier fait de son droit indivis contre la propriété exclusive d'une portion déterminée. Il est déclaratif de propriété et fait perdre à chaque cohéritier ses droits sur les biens non échus dans son lot. Par conséquent l'hypothèque constituée sur l'immeuble, qui ne tombe pas dans le lot du cohéritier constituant, est considérée comme constituée sur la chose d'autrui et est nulle. Ce principe que le partage est déclaratif de propriété, s'applique également si l'immeuble est échu sur licitation à l'un des copartageants.

L'action en garantie des lots résulte de l'égalité qui doit régner dans les partages. Cette action permet au cohéritier évincé ou troublé dans la possession de son lot, d'agir contre ses cohéritiers, pour qu'ils aient à l'indemniser de son éviction, à faire cesser le trouble. Le cohéritier évincé ou troublé a, outre l'action personnelle, un privilége sur les immeubles dépendants de la succession.

Pour évaluer l'indemnité due en cas d'éviction, il faut considérer la valeur donnée à l'objet, dans le partage, sans égard aux changements survenus et reporter cette valeur sur tous les cohéritiers, y compris l'évincé. Chacun paie l'éviction proportionnellement à sa part héréditaire, et s'il y a un insolvable, sa part est répartie entre tous les cohéritiers et l'évincé.

L'action en garantie cesse :

1º Si l'éviction a été expressément prévue et exceptée par l'acte de partage ; 2º si elle est arrivée par la faute de l'évincé (884) ; 3º par le laps de trente ans écoulés depuis le moment du trouble (2257) ; 4º si elle procède d'une cause postérieure au partage.

S'il s'agit d'une rente, la garantie ne peut être exercée que dans les cinq ans qui suivent le partage (886.) Si l'héritier n'a pas réclamé dans les cinq ans, il ne peut être admis à prouver que l'insolvabilité existait au moment du partage. Dans les autres cas la garantie n'a lieu pour insolvabilité du débiteur que quand elle existait à l'époque du partage. Cette disposition a été mise en faveur de la rente pour abolir l'ancienne jurisprudence, dans laquelle on pensait que la garantie d'une rente durait autant qu'elle. Mais dans ce système le possesseur n'était jamais tranquille. D'ailleurs si le débiteur n'a pas payé la rente pendant les cinq ans, le cohéritier doit s'imputer la faute de n'avoir pas réclamé plus tôt ; s'il l'a payée, c'est une preuve de sa solvabilité au moment du partage.

CHAPITRE V.

De la rescision.

Comme tous les contrats (1109), les partages peuvent être rescindés pour cause de violence ou de dol (887). Mais toute violence n'est pas une cause de rescision, elle doit être de nature à faire impression sur une personne raisonnable et lui inspirer la crainte d'exposer sa personne ou sa fortune ; la personne ou .a fortune de certaines personnes désignées par la loi (1111, 1113), a un mal considérable et présent. Pour apprécier la violence, on considère l'âge, le sexe et la condition des personnes. La seule crainte révérentielle envers le père ou la mère ne constitue pas la violence. La violence est une cause de nullité, même lorsqu'elle provient d'un tiers autre que celui au profit duquel le partage a été fait. La nullité d'un partage fait par violence ou dol n'est pas absolue, mais seulement relative,

Il y a une troisième cause de rescision des partages qui n'est pas commune à tous les contrats, je veux parler de la lésion. Quant à l'erreur, elle n'est pas, à proprement parler, une cause de rescision des partages ; car si elle tombe sur la valeur des biens et qu'elle soit de plus du quart, il y a lésion ; si elle porte sur un bien qui n'appartenait pas au défunt, l'héritier évincé a l'action en garantie. L'omission d'un objet donne ouverture à un supplément à l'acte de partage (887). Mais toute lésion ne donne pas ouverture à l'action en rescision. Il faut que le cohéritier lésé établisse à son préjudice une lésion de plus d'un quart. Pour savoir s'il il y a lésion, il faut estimer les biens suivant leur valeur et leur état au moment du partage, et la rescision est admise, que le partage ait été fait en justice ou a l'amiable.

L'action en rescision serait admise quand même le cohéritier aurait expressément renoncé dans le partage à demander cette rescision et qu'il aurait déclaré donner la plus value. L'action en rescision est admise contre tout acte qui a pour objet de faire cesser l'indivision entre cohéritiers ; encore qu'il fût qualifié de vente, d'échange, etc. (838), la loi regardant l'égalité entre cohéritiers comme d'ordre public. Tout acte en effet qui fait cesser l'indivision entre cohéritiers, quelle que soit sa forme, est toujours un partage.

Lorsque l'un des cohéritiers éprouve la lésion de plus du quart, il y a lieu à la rescision du partage, et un nouveau partage doit être fait. Mais comme le but de l'action en rescision est de rétablir l'égalité, le défendeur à la demande en rescision peut en arrêter le cours et empêcher un nouveau partage, en fournissant au demandeur le supplément de sa portion héréditaire, soit en numéraire, soit en nature. Ce supplément est de la totalité de la lésion éprouvée. Les biens de la succession peuvent seuls être donnés en nature. Ce droit accordé au défendeur d'empêcher un nouveau partage, lui est refusé lorsque la demande est fondée sur le dol ou la violence.

La demande en rescision dure dix ans.

Ils courent : 1º pour la violence, lorsqu'elle a cessé ; 2º pour le dol, du jour où il a été découvert ; 3º quand il y a lésion, du jour du partage. Pour les mineurs, ce temps ne court que de leur majorité. Après ces délais, on est censé avoir ratifié le partage. On ne peut plus l'attaquer lorsqu'on l'a ratifié expressément, soit par acte confirmatif (1338), soit en aliénant son lot en tout ou en partie, depuis la découverte du dol, ou la cessation de la violence. (892.)

QUESTIONS.

Dans le cas de l'art. 841, le cessionnaire écarté n'a-t-il droit qu'au principal de la cession? — Non, il faut appliquer l'art. 1699.

Dans le cas de l'art. 887, faut-il appliquer l'art. 1684? — Non.

Faut-il dans le même cas appliquer l'art. 1681 ? — Non.

La faculté accordée par l'art. 892 ne doit-elle pas se borner au cas où le partage est attaqué pour lésion ? — Oui.

Procédure Civile.

De l'exécution vis-à-vis des tiers des jugements sujets à
opposition ou appel.

(Art. 163.—164.—548.—549.—550).

Dans la plupart des cas l'exécution des jugements sujets à opposition
ou appel se poursuit contre la partie condamnée elle-même. Alors point
de difficulté à cet égard, la partie qui a obtenu la condamnation peut
l'exécuter par des poursuites dirigées contre les biens ou contre la personne du défaillant ; celui-ci arrêtera les poursuites d'exécution en prou-
vant son opposition et en ajoutant qu'elle a un effet suspensif : il sera ,
du reste, facile au défaillant de faire la preuve de son opposition , il a
en main l'original de sa requête.

Mais il arrive quelquefois que la partie qui a obtenu un jugement par
défaut en poursuit l'exécution contre une tierce personne ; par exemple,
contre un conservateur, s'il s'agit d'une radiation d'inscription hypothécaire: contre l'officier de l'état civil si le jugement prononce une main
levée d'opposition à un mariage. C'est ce que suppose l'art. 164 , et l'article 548 donne des exemples de ce cas. Que devront faire le conservateur, l'officier de l'état civil? Devront-ils obéir au jugement prononçant

la radiation, ordonnant la célébration du mariage: devront-ils, sur le simple vu du jugement, radier l'inscription, célébrer le mariage, alors que peut-être, à l'instant même où on leur en demande l'exécution, il a été formé une opposition dont l'effet suspend cette exécution ? Evidemment non. La partie qui réclame l'exécution du jugement contre ces tiers doit avant remplir plusieurs formalités prescrites par les art. 163, 164, 548, 549 et 550 du Code de Procédure.

Voyons d'abord quelles sont les prescriptions de ces articles.

Il doit être tenu au greffe un registre sur lequel l'avoué de l'opposant ou celui de l'*appelant*, c'est-à-dire celui qui occupe en première instance pour l'appelant, fera mention sommaire de l'opposition ou de l'appel, en énonçant les noms des parties et de leurs avoués, la date du jugement et celle de l'opposition ou de l'appel. Il n'est dû de droit d'enregistrement que dans le cas où le greffier est requis d'en délivrer expédition (163, 549).

Les jugements exécutoires vis-à-vis des tiers, mais sujets à opposition ou appel, ne pourront être exécutés par eux, ou contr'eux, même après les délais de l'opposition ou de l'appel, que sur un certificat de l'avoué de la partie poursuivante, contenant la date de la signification du jugement faite au domicile de la partie condamnée, et sur un certificat du greffier constatant qu'aucune mention d'opposition ou d'appel n'est portée sur le registre (164 et 548). Sur le certificat qu'il n'existe aucune opposition ni appel sur le registre, les séquestres, conservateurs et tous autres, seront tenus de satisfaire au jugement (550).

Ainsi, le tiers auquel on se présente muni d'un jugement par défaut et à la charge duquel tomberait l'exécution de ce jugement, ne doit pas l'exécuter, à moins que le requérant ne lui présente : 1o L'expédition du jugement ; 2o le certificat de son propre avoué constatant que le jugement a été signifié et à quelle date ; 3o enfin le certificat du greffier mentionnant qu'il n'est porté aucune opposition ou appel sur le registre. On comprend surtout l'importance de cette dernière précaution, car, à l'heure même où l'on exécute contre les tiers, la partie condamnée s'est peut être déjà pourvue par opposition ou appel, et ce recours généralement suspensif, deviendrait souvent illusoire, si le tiers s'exécutait et si le jugement contradictoire ou d'appel réformant le premier, trouvait un acte irrévocable, tel qu'une radiation d'hypothèque.

Les prescriptions de ces articles sont fort simples et faciles à saisir. Mais à ces divers articles se rattache une question fort grave et sur laquelle se trouvent partagés tous les auteurs, c'est celle de savoir à quelle époque on pourra exiger de la tierce personne, en lui représentant les justifications précédentes, l'exécution soit du jugement par défaut, soit du jugement contradictoire en premier ressort. Le pourra-t-on dans les délais ouverts pour l'opposition ou pour l'appel, par cela seul qu'on présentera le certificat négatif de toute opposition ou appel? ou bien faudra-t-il justifier que les délais sont expirés, qu'aucune opposition, qu'aucun appel n'est plus recevable?

Pour l'affirmative on raisonne ainsi : nulle part la loi n'a dit expressément que, pour exécuter contre un tiers, il fallait établir qu'il n'y aurait plus d'opposition ou d'appel; elle a dit qu'il fallait établir qu'il n'y avait pas maintenant d'opposition formée ou d'appel interjeté et mentionné. On invoque la lettre de l'art. 548 et des art. 163 et 164, prétendant aussi qu'elle est parfaitement d'accord avec les principes généraux; car, dans les délais de l'opposition ou de l'appel, on peut exécuter contre la partie condamnée, tant qu'elle n'a pas formé opposition ou appel; ce n'est pas la possibilité, l'éventualité d'une opposition ou d'un appel qui est suspensive de l'exécution, il n'y a de suspensif que l'appel interjeté, que l'opposition déjà formée. Ainsi, on peut exécuter contre la partie condamnée, nonobstant la possibilité d'une opposition ou d'un appel. Voilà pour la première opinion.

Pour la négative qui réunit de nombreux partisans, on raisonne ainsi : Quel peut être le but de la loi qui, dans l'art. 548, prescrit la présentation d'un certificat d'avoué, constatant la date de la signification du jugement à la partie, sinon de donner au tiers auquel on s'adresse, pour l'exécution de ce jugement, le moyen de savoir si les délais pour l'opposition ou pour l'appel ne sont pas expirés. Cette intention du législateur n'est-elle pas manifestement prouvée par l'art. 2157 du Code Napoléon qui, quoique spécial, n'en est pas moins d'un grand poids, il nous éclaire sur la pensée de la loi. Il s'exprime ainsi : « Les inscriptions hypothécaires sont rayées du consentement des parties intéressées et ayant capacité à cet effet, ou *en vertu d'un jugement en dernier ressort, ou passé en force de chose jugée.* » Or, un jugement n'est passé en force de chose jugée qu'après l'expiration de tous les délais d'opposition ou d'appel. En principe, on peut exécuter contre la partie condamnée même dans les délais d'appel, par cela seul qu'elle n'interjette point appel, et cependant l'article n'a pas voulu que, quand on vient provoquer l'exécution à la charge d'un tiers, on pût être reçu à l'exiger, tant qu'il y a encore un appel possible, tant que le jugement est réformable.

Au milieu du conflit de ces deux opinions, il est difficile de se prononcer ; cependant, nous inclinons vers cette dernière opinion, et nous croyons que les tiers ne peuvent pas, sans péril, exécuter les jugements sujets à opposition ou appel, tant qu'il ne leur est pas prouvé, nonseulement qu'il n'y a pas, mais encore qu'il n'y aura pas d'opposition ou d'appel qui puisse faire réformer ces jugements, les délais étant expirés.

QUESTIONS.

Pour commander aux tiers l'exécution du jugement par défaut, suffit-il de la représentation du certificat du greffier ? — Non.

Faut-il de plus le certificat de l'avoué de la partie qui demande l'exécution ? — Oui.

Le conservateur peut-il radier l'inscription avant l'expiration des délais pour l'opposition ou l'appel ? — Non.

Droit Criminel.

Du concours de plusieurs personnes à la perpétration d'un délit. (59 à 63.)

Art. 59. Les complices d'un crime ou d'un délit seront punis de la même peine que les auteurs même de ce crime ou de ce délit, sauf les cas où la loi en aurait disposé autrement.

Que signifie le mot complice? A quels caractères reconnaîtrons-nous la complicité?

Dans l'acception vulgaire et usuelle du mot, on appelle *complices* tous ceux qui, réunis, ont par eux-mêmes et directement pris part à l'exécution des faits constitutifs d'un délit.

Dans le sens de la loi pénale, ils sont auteurs du délit, lors-même que, dans son exécution, des rôles différents auraient été distribués. Dans l'acception technique et juridique du mot, la *complicité* suppose une participation au délit, mais une participation éloignée, indirecte, par des faits autres que ceux qui constituent l'exécution matérielle, et spécialement déterminés par la loi.

Les dispositions de la loi qui énumèrent les faits caractéristiques de la complicité sont limitatives. Les rigueurs de la loi ne peuvent en principe être étendues. Ainsi l'a jugé la Cour de Cassation.

4

La loi française reconnaît en matière de crimes et de délits , trois espèces de complicité : 1º La *complicité vraie* , réelle, ou *antérieure* , prévue par l'art. 60 du Code Pénal; 2º la *complicité présumée,* ou contemporaine, prévue par l'art. 61 ; 3º la *complicité spéciale* résultant des faits postérieurs à la consommation du crime ou du délit , prévue par l'art. 62.

§ 1ᵉʳ. — *Complicité vraie.*

Elle peut résulter de quatre causes :

1º Provocation au crime ou au délit quand elle réunit certaines conditions. Toute provocation au crime ou au délit n'est pas un fait de complicité légale. Le conseil, le mandat de commettre un crime, eussent-ils été suivis d'effet, ne tombent pas par eux-mêmes sous le coup de la loi pénale ; ils ne sont punissables qu'autant , ou qu'ils émanent d'une personne ayant de l'autorité sur l'agent, ou que ce conseil et ce mandat ont été accompagnés de dons , de promesses, de menaces , de machinations ou artifices coupables, qui en ont singulièrement modifié l'efficacité. La loi ne suppose pas au simple conseil, au mandat gratuit, assez d'influence, assez d'action, pour les punir.

2º Fait d'avoir fourni des moyens moraux pour commettre le crime ou le délit. — Les moyens moraux consistent dans des instructions, par exemple dans l'indication de la distribution de la maison où doit se commettre le crime, de l'heure où elle sera sans surveillance. Ces instructions ont un caractère de précision et de danger que n'ont pas les simples conseils et les mandats gratuits; aussi n'ont-elles pas besoin d'être accompagnées de dons, promesses, menaces, etc. ;

3º Fait d'avoir fourni des moyens matériels pour commettre le crime ou le délit, avec la connaissance qu'ils devaient servir à son accomplissement. — Ce fait consiste, par exemple, à fournir le poison, les fausses clés, l'échelle, instruments de l'infraction ;

4º Fait d'avoir aidé ou assisté personnellement les auteurs du crime ou du délit, dans les faits qui ont préparé, facilité ou consommé ce crime ou ce délit.—Le fait, par exemple, d'avoir tenu l'échelle pendant que le voleur escaladait; d'avoir reçu dans la rue les effets volés que le voleur jetait de la fenêtre.

§ 2. — *Complicité présumée, résultant des faits contemporains du délit.*

La complicité résulte des faits contemporains du délit, lorsque le complice, connaissant la conduite des malfaiteurs exerçant des brigandages contre la sûreté de l'Etat, la paix publique, les personnes ou les propriétés, leur fournissent habituellement logement, lieu de réunion, de retraite.

Cette complicité est subordonnée à deux conditions :

Il faut, d'abord, avoir connu que les agents auxquels on fournissait le logement, etc., exerçaient les brigandages prévus par l'art. 61. La possibilité des soupçons ne suffirait pas.

Il faut, de plus, que l'hospitalité qui leur a été donnée, soit une hospitalité habituelle.

§ 3. — *Complicité spéciale ou postérieure.*

Cette complicité est le recel des produits du crime ou du délit avec connaissance de leur origine.

Le recel, s'il n'a pas été promis avant le vol, n'a ni excité, ni facilité le vol : il n'a pu exercer aucune action sur un fait consommé. La loi a cependant considéré qu'un lien indirect, médiat, rattachait le recéleur au vol ; elle a pu, sans regarder le vol comme un crime continu pour l'auteur de la soustraction, admettre que le recéleur continuait le vol en retenant la chose volée.

Voilà les éléments constitutifs de la complicité : les dispositions qui les énumèrent sont essentiellement limitatives. Il reste à examiner à quelles conditions la complicité est punissable et de quelle peine elle est passible.

§ 4. — *De la pénalité concernant les complices.*

L'art. 59 dit formellement que les complices seront punis des mêmes peines que les auteurs principaux.

Ce principe inscrit si rigoureusement dans le Code, est purement nominal. Il varie en raison des circonstances atténuantes ou aggravantes, personnelles à l'un des codélinquants. L'un des codélinquants peut être puni des travaux forcés ; l'autre, d'un simple emprisonnement correctionnel.

Mais, en l'absence des circonstances atténuantes ou aggravantes, l'art. 59 doit être appliqué.

S'il existe des circonstances aggravantes dans la perpétration du crime par son auteur et que le complice les ait ignorées, quel sera le sort de celui-ci ? Le Code de 1791 ne déclarait les complices passibles de la peine, qu'autant qu'ils avaient connu les circonstances qui pouvaient motiver une aggravation ; mais celui de 1810 n'a point maintenu cette jurisprudence, et la Cour de Cassation a jugé que la même peine doit frapper les auteurs et les complices. Cette rigueur paraît excessive en présence du principe fondamental de toute justice répressive : que la peine doit être proportionnée à la gravité du délit.

Le complice doit-il subir l'aggravation de peine résultant de la qualité de l'agent ?

Le complice d'un parricide doit-il être puni comme un parricide ? (299, 302). Le complice d'un faux, commis par un officier public, subira-t-il l'aggravation de peine tenant à la qualité de son auteur (146, 147) ? Non, disent les auteurs. Oui, a répondu la Cour de Cassation ; ainsi le complice d'un parricide est puni comme le parricide lui-même ; le complice d'un vol commis par un domestique est puni de la même peine que le voleur.

QUESTIONS.

Le complice bénéficie-t-il du repentir de l'agent d'exécution? — Oui.

Celui qui tient la victime et l'empêche de se défendre pendant qu'un assassin l'égorge, est-il complice ou coauteur? — Il est coauteur.

Suffit-il que le complice ait habitude de fournir l'hospitalité ou le logement à un des membres d'une bande? — Oui.

La complicité est-elle admise en matière de contravention? — Non.

Cette Thèse sera soutenue, en séance publique, dans une des salles de la Faculté, le 21 juillet 1858.

Vu par le Président de la Thèse,

DUFOUR.

Toulouse. Imprimerie Troyes Ouvriers Réunis rue Saint-Pantaléon, 3